AF227212

ORLÉANISME

ET

RÉPUBLIQUE

PAR

ÉVARISTE BAVOUX

PARIS

E. DENTU, LIBRAIRE-ÉDITEUR

PALAIS-ROYAL, 15-17-19, GALERIE D'ORLÉANS

1878

ORLÉANISME

ET

RÉPUBLIQUE

ORLÉANISME

ET

RÉPUBLIQUE

PAR

ÉVARISTE BAVOUX

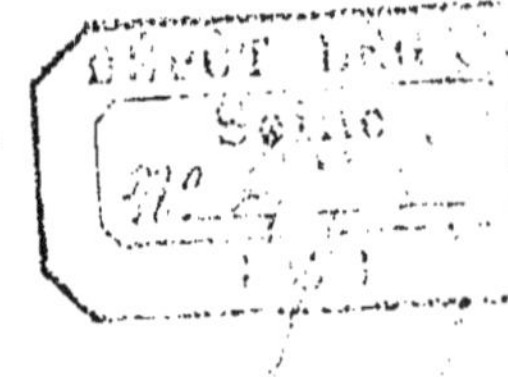

PARIS

E. DENTU, LIBRAIRE-ÉDITEUR

PALAIS-ROYAL, 15-17-19, GALERIE D'ORLÉANS

1878

Tous droits réservés.

NOTE PRÉLIMINAIRE

« La République, a dit **M. Guizot**,
*ce gouvernement des grandes espérances
et des grands mécomptes. »*

Dans le deuil de la patrie vaincue, une des plus amères douleurs est celle qui naît de la division des partis : après la guerre étrangère et souvent à côté d'elle, la guerre intestine, la guerre civile.

Ainsi en est-il en France.

Ses ennemis du dehors ont eu pour auxiliaires et pour complices les ennemis du dedans, qui ont simultanément attaqué et renversé le gouvernement établi sur la volonté nationale, odieuse manœuvre dont se révolte à bon droit le patriotisme.

Mais ces ennemis, ligués avec l'ennemi extérieur, formaient une ligue composée elle-même de plusieurs fractions et factions dont l'hostilité commune au gouvernement déchu a survécu et survit à sa déchéance, pour en combattre le retour.

Telle est l'explication, chez nous, de l'union monstrueuse des républicains et des orléanistes.

C'est une mésalliance honteuse et coupable, dont la conscience et le cœur d'anciens amis sont troublés et navrés. Comment des hommes qui, dans leur individualité, dans leur vie publique et privée, se sont toujours signalés par leur valeur politique, par leur honorabilité personnelle, ont-ils pu céder à de semblables entraînements?

Des préventions intimes, des suggestions cachées d'ambition malsaine, ne sauraient éclairer ni absoudre de si ténébreuses préoccupations, indignes d'âmes honnêtes, d'esprits droits et sensés. Et c'est avec un profond regret, un chagrin véritable qu'on voit des hommes éminents par la capacité et par d'autres qualités aller ainsi à la dérive du droit chemin dans d'obscurs sentiers, poussés par une aveugle passion, à l'abri de laquelle ne sont donc pas les consciences les plus sincères. Car ils sont sans doute sincères.

Et pourtant n'est-il pas étrange que, pour la plupart, ils n'osent même pas se déclarer orléanistes? Est-ce parce que cette dénomination trahit la secte plus que le dogme, la prédilection princière plus que le principe monarchique, le servage à la famille plus que la foi à la dynastie?

Quelle que soit l'explication, même loyale, elle ne détruit pas leur répugnance à une qualification nette et précise, et leurs faux-fuyants dans des équivalents équivoques comme ceux-ci : constitutionnels, parlementaires, républicains, conservateurs, modérés, etc.

Quelle que soit la variété des synonymes ou pseudonymes, ne serait-il pas préférable d'arborer franchement l'oriflamme de son opinion monarchique, qui n'exclut ni la bannière, ni le guidon, ni l'étendard des différentes divisions d'une même armée? La banderolle, l'enseigne rallient très-régulièrement sous un commandement suprême, les compagnies diverses qui, pour être l'une à pied, l'autre à cheval, celle-ci, recrutée de vassaux, celle-là parmi les seigneurs, n'en étaient pas moins réunies par un lien commun.

Pourquoi, dès lors, les orléanistes, membres de la famille royale, ne viennent-ils pas ouvertement, ou à leur degré de parenté légitime, dans le sein même de la famille, ou attendant pacifiquement leur avénement régulier?

Jusque-là leur rôle est simple et facile : soumis aux lois de leur pays, ils restent tout naturellement dans les rangs conservateurs, avec les légitimistes, leurs aînés, avec les impérialistes, lenrs compétiteurs aux résolutions légales de la France.

Cette attitude est la seule conciliable avec l'intérêt et la grandeur de la nation, avec la dignité morale de tous les hommes qui se respectent, en respectant la souveraineté nationale.

Pourquoi les princes d'Orléans, tous éminemment distingués par leur personne, par leur éducation comme par leur origine ; pourquoi leurs amis, l'élite de la société moderne, n'arborent-ils pas leur dénomination, leur drapeau orléaniste ?

Les impérialistes, les légitimistes désertent-ils le leur ?

Ah ! c'est que la légitimité, l'Empire sont deux grands symboles de l'autorité souveraine, dont l'orléanisme est la contrefaçon de contrebande ; c'est la monnaie pure comparée à la monnaie de billon, la monnaie traditionnelle ou estampillée par le contrôle public et la monnaie de cuivre : toute l'habileté des fabricants est impuissante à en effacer l'infériorité originelle.

L'orléanisme en est là, osant à peine se l'avouer à lui-même. S'il était plus sévère à lui-même, si, faisant son examen de conscience et reconnaissant ses fautes politiques, il était revenu se ranger au sein du parti conservateur, faire cause commune avec lui contre l'ennemi commun, alors, constitutionnellement, le pays pouvait espérer un établissement légal et régulier. Mais avec des défections au devoir civique, avec des compromis mensongers, la vérité se voile, l'esprit public se perd, la raison s'égare et le vice triomphe.

La constatation de ces manœuvres coupables est donc le but de cette publication.

Nous croirons, en effet, avoir rendu un vrai service à la cause de l'ordre, aux intérêts conservateurs en France en démontrant par l'histoire les funestes pratiques de l'orléanisme.

Sa clientèle est déjà peu populaire ; en détachant d'elle, par de nombreux exemples, tant de fausses alliances, nous croyons porter la lumière sur de souterraines intrigues et saper dans leurs racines des trames parasites.

Chacun, du moins, verra plus clairement où il va, ce qu'il veut. Et la volonté nationale pourra se faire jour et s'affirmer.

Nous en étions là, dans ce résumé, de nos recherches et de nos observations sur le rôle de l'orléanisme en France, quand se produisit, au 16 mai, l'idée de l'union conservatrice. Cette pensée d'union politique contre l'ennemi commun, le radicalisme, nous paraissait dictée par la raison et le patriotisme : les trois éléments du parti conservateur semblaient se confondre heureusement dans une aspiration généreuse au salut social, sous la seule condition d'être loyalement acceptée et accomplie par le trio septennal.

Le président du conseil en avait le dépôt et la garde.

Nous n'hésitâmes pas à abandonner notre publication, espérant qu'elle devenait inutile et même démentie par l'alliance conservatrice. Malheureusement, cette espérance dura peu, et l'attitude orléaniste se chargea bientôt d'en prouver l'inanité.

L'orléanisme, reprenant ses allures équivoques, captieuses, hostiles, mena la campagne électorale aux résultats que nous savons, et le groupe impérialiste aux regrets d'une alliance trahie ; reprenons donc notre liberté d'examen.

ORLÉANISME [1]

ET

RÉPUBLIQUE

La vie politique porte avec elle bien des déceptions, bien des tristesses. Une des plus cruelles est le désenchantement d'hommes qu'on s'était habitué à aimer, à estimer en d'autres temps où leur attitude correcte et honnête semblait devoir les prémunir contre des résolutions et des alliances que l'honnêteté désavoue et réprouve.

Un homme d'Etat considérable par son grand talent et par sa haute individualité, a dit quelque part : « Les hommes « médiocres qui veulent rester à peu près honnêtes ont tou- « jours tort, et sont toujours dupes quand ils s'allient à des « hommes corrompus et habiles, indifférents au bien et au » mal, à l'injustice ou à l'iniquité. » (Guizot.)

§ 1er

RAPPROCHEMENT HISTORIQUE

L'observation politique sous les auspices de laquelle se place le rapprochement historique dont nous donnons ici le développement n'est-elle pas le résumé frappant, n'est-elle

---

[1] Nous prenons dans cette étude la dénomination générique de Princes d'Orléans, précisément en raison de sa généralité historique, sans distinction de tiges ou branches de famille.

Nous avons cru de cette sorte moins engager la question de personnes, pour laquelle nous ne professons aucun goût, bien au contraire, déclarant respecter individuellement les opinions et les hommes respectables, et généralisant volontiers nos observationss surtout nos critiques.

pas comme la photographie vivante des unions orléano-
républicaines, qui infligent à notre époque un si triste ta-
bleau ?

De là les déductions historiques que nous empruntons
encore au même écrivain politique : « Jeanne d'Arc et
« Charles VII, dit M. Guizot, avaient chassé les Anglais de
« la France. Pendant seize ans, Louis XI les empêcha d'y
« reprendre pied en combattant et en détruisant peu à peu
« les grands vassaux qui se faisaient leurs alliés, œuvre
« aussi salutaire que glorieuse pour la nation et la royauté
« française. »

En 1469, le duc de Nemours prit part à la révolte du
comte Jean d'Armagnac, son cousin, qui passait, comme
tant d'autres seigneurs féodaux, en ces temps troublés, pour
être en intelligence avec les Anglais.

Louis XI, qui, selon l'expression de Duclos, malgré tous
ses vices, « *était un Roi,* » rendit, il y a quatre siècles, à la
France, dans un règne de vingt-deux ans, d'immenses ser-
vices, entre autres celui-ci : « Il poursuivait fermement
» l'œuvre de Jeanne d'Arc et de Charles VII, le triomphe
» de l'indépendance comme de la dignité nationale. Par la
» défaite des grands vassaux, *la faveur qu'il porta aux*
» *classes moyennes et l'emploi qu'il sut faire de cette nouvelle*
» *force sociale, il contribua puissamment à la formation de la*
» *nation française et de son* UNITÉ SOUS UN GOUVERNEMENT
» NATIONAL. *La société féodale n'avait su ni se constituer en*
» *nation ni se discipliner sous un chef.*

» Louis XI *constata son incapacité politique, détermina sa*
» *décadence et travailla à mettre à sa place la France et la*
» *Monarchie.*

» Ce sont là les grands faits de son règne (1461-1483) et
» les preuves de son esprit supérieur (1). »

(1) Guizot, *Histoire de France à mes petits-enfants*, t. II, p. 433,
439, 443.

Il est impossible de résumer avec plus de justesse et de hauteur de vue l'ensemble d'une physionomie empreinte, comme celle de Louis XI, tout à la fois d'une laideur repoussante et d'une véritable grandeur. L'illustre écrivain en caractérise là les traits saillants avec autant d'impartialité que de patriotisme.

Que d'enseignements déposés dans ces quelques lignes !

D'abord, quel étrange rapprochement entre cette féodalité, jalouse de la royauté, et la démagogie moderne, poussée, par la même jalousie, aux mêmes actes de révoltes criminelles contre· le gouvernement de la France ; aux mêmes pactes, si ce n'est à la même complicité avec l'étranger, en face duquel on renverse son propre gouvernement ! Aux mêmes coalitions de la démagogie internationale du dedans et du dehors ! Pacte résumé, à la chute du premier Empire, dans ce grave reproche formulé par Napoléon Ier :

« *Ce n'est pas quand les ennemis sont à vingt-cinq lieues* » *qu'on renverse avec impunité un gouvernement.* »

Pacte résumé encore, à la chute du second Empire, dans ce cri anti-patriotique d'un orléaniste acharné : « *La destruction de l'Empire n'est pas trop payée par la perte de* » *deux provinces.* »

Ensuite, combien est frappante cette ressemblance entre tous les grands souverains : de Charles VII à Louis XI luimême, sur les champs de bataille comme dans le cabinet de l'homme d'État, de Charlemagne à Philippe-Auguste, de François Ier à Henri IV, Louis XIV, Napoléon Ier, Napoléon III, tous ont tenu le drapeau de la France, à travers les victoires et l'infortune, haut et ferme devant l'ennemi du dehors comme devant l'ennemi du dedans, ennemis souvent unis ensemble, au moins par une hostilité commune contre la commune patrie.

Pactes avec l'étranger bien différemment appréciés,

selon les circonstances, par les émotions si mobiles de l'opinion publique. Ainsi, dans les guerres de la Révolution avec les armées étrangères, la haine républicaine, en France, accusait la reine Marie-Antoinette, *l'Autrichienne,* selon le langage du temps, comme plus tard, lors de la restauration des Bourbons, en 1815, la famille royale, d'imposer à la France la volonté de l'Europe, le joug étranger.

Mais, au contraire, la guerre civile trouve-t-elle, au quinzième siècle, dans les d'Armagnac unis au duc de Nemours, au dix-septième dans Gaston d'Orléans, en 1870-1871 dans les bandes insurrectionnelles du 4· septembre, des auxiliaires contre le trône, contre le gouvernement régulièrement, nationalement établi? alors l'esprit révolutionnaire, s'accommodant de ce concours utile à ses desseins, s'en empare sans scrupule et s'en sert pour le succès.

Alors les ennemis du gouvernement établi semblent aux républicains d'heureux alliés pour le renverser et le détruire et avec eux ils traitent honteusement sur ses ruines, au lieu de traiter honorablement, sous les auspices de l'Empire lui-même, à des conditions incomparablement préférables. Telle est l'inflexibilité du patriotisme républicain. Ne sait-on pas, en effet, que, le 4 septembre, l'Empire battu, hélas! à Sedan, c'est vrai, mais traitant avec l'ennemi vainqueur, sous l'intervention de la Russie, par exemple, eût épargné à la France deux ou trois milliards sur cinq, et nos deux chères provinces, l'Alsace et la Lorraine?

Mais tel est le rigorisme puritain, intraitable, du patriotisme républicain.

Autre rapprochement, non moins curieux, dans la situation de la monarchie vis-à-vis de la féodalité comme de la démagogie, c'est que l'une et l'autre jalousaient la royauté. Ainsi, en 1461, Louis XI était sacré à Reims, le 14 août. Eh bien, chacun se rappelle qu'alors Philippe de Bourgogne, comme premier pair de France, prit la couronne, et, par une allusion saisie de tout le monde, la posa sur la tête du roi. Le nouveau roi cependant, selon l'expression du sire de Brezé, « portait avec lui tout son conseil ».

Souvenirs historiques précieux à rappeler comme témoignage de la difficulté de gouverner les hommes. La vérité qui s'en dégage n'est-elle pas au moins celle-ci : c'est que l'appel à la nation, principe moderne sur lequel repose l'Empire, c'est-à-dire le gouvernement élu par le peuple entier, est la seule solution du problème gouvernemental, comme la seule garantie de stabilité contre tous ses adversaires, parmi lesquels, par une contradiction bien illogique, on est tout stupéfait de rencontrer ces républicains, prétendus libéraux, qui renient tous leurs principes, repoussent le plus éclatant de tous : l'appel au peuple? L'appel au peuple, source et base de tout gouvernement vraiment national et populaire !

§ II.

Quatre siècles nous séparent de cette époque signalée ici, sous Louis XI; et combien de fois, dans le cours de notre histoire, les mêmes analogies, avec quelques variantes, ne se reproduisent-elles pas aux regards du lecteur attristé? Combien de fois la guerre civile, combien de fois la *Ligue du Bien public, la Fronde*, les luttes intestines, n'ont-elles pas armé les mains fratricides des enfants de la même mère? Combien de fois des souverains aimés n'ont-ils pas été victimes de leurs propres efforts contre les progrès et les ravages des passions révolutionnaires? Ainsi, l'un détruit la puissance patricienne et stérile de la féodalité, l'autre, l'anarchie née de la Fronde; les plus glorieux entre tous empruntent leur gloire à celle de la France, grande par eux et par leur génie civil et militaire. Eh bien! il n'en surgit pas moins, à des périodes sinistres, des sectaires, des sicaires de la démagogie, qui, la torche à la main, le fusil sur l'épaule gauche, se ruent sur la société surprise, incendient, dévastent, dévalisent la cité, fusillent au coin d'un mur de prison des otages inoffensifs, sacrés même parmi les sauvages, des magistrats, des généraux, des ministres de la religion! Et ces cannibales se prétendent les orthopédistes de notre société, disent-ils, malade. Malade, oui, de leurs attouchements impurs, de leurs systèmes à la Procuste, de leur odieux empirisme.

Comment ces impudents charlatans ont-ils pu traverser les siècles, sous tous les déguisements : Maillotins, Frondeurs, Jacobins, Démagogues, Radicaux, pseudonymes de Républicains, avec de faux-nez, des masques rouges, bicolores, tricolores, mais génériques du hideux? Qui trompent-ils donc? Personne, si ce n'est cette coalition de prétendus *politiciens,* ceux qui, par ambition, cupidité, font semblant d'être leurs complices pour s'emparer du pouvoir. Peu soucieux des libertés publiques, dont ils se proclament effrontément les apôtres, ils les foulent aux pieds, inaugurent leurs révolutions par la suppression de toutes les libertés politiques, électorales, départementales, communales, cassant les conseils généraux, les conseils d'arrondissement, les conseils municipaux, les remplaçant par les conseils de guerre, les commissions extraordinaires, l'état de siége, sans lois, sans pudeur, et toujours au nom de la République, car leur idée fixe, leur monomanie, c'est cette dénomination de République : pour elle, ils abandonnent toutes prétentions à aucuns droits, à aucuns principes. Appelez-vous République, et tout est là pour eux. Avec le duc de La Rochefoucauld, ces plébéiens déclassés répéteront à leur Dulcinée républicaine ce que le duc disait de Mme de Longueville :

« *Pour mériter son cœur, pour plaire à ses beaux yeux,*
« *J'ai fait la guerre aux rois; je l'aurais faite aux dieux,* »

Sauf, comme le duc égaré et blessé d'un coup de mousquet qui lui enleva momentanément la vue, à rectifier ensuite sa déclaration en ces termes :

« *Pour ce cœur inconstant qu'enfin je connais mieux,*
« *J'ai fait la guerre aux rois, j'en ai perdu les yeux.* »

Oui, nos énergumènes de la République en ont perdu les yeux... et la raison. Oui, ils ont fait la guerre aux souverains de la France, à la Divinité elle-même, que, dans leur athéïsme, ils renient et blasphèment en fermant les églises, les transformant en clubs, proclamant le mariage civil, l'enterrement civil, fusillant les évêques, les ecclésiastiques ; oui, ils font tout cela au nom de la République.

Oui, selon l'expression magistrale de M. Guizot, ils ont échoué, comme la société féodale, dans « *l'œuvre de la cons-* » *titution nationale, de la discipline sous un chef.* »

Le désordre, l'anarchie ont tout détruit, détruisent tout sous leurs pas.

« *La nuit est leur séjour, l'horreur est leur domaine.* »

C'est ce qui explique comment Louis XI (ainsi que ses successeurs, plus tard, au trône de France, Louis XIV, Napoléon Ier, Napoléon III), « *constata leur incapacité politique,* » *détermina la décadence de ce misérable parti et travailla* » *à mettre à sa place la France et la Monarchie,* » sous l'égide tutélaire de la volonté et de l'*unité nationale.*

§ III.

Mais cette œuvre colossale nécessita plusieurs siècles, de Louis XI à Louis XIV, à Napoléon Ier, à Napoléon III, de 1461 à 1643, à 1804 et 1852, dans son accomplissement.

Elle fut lente et progressive dans sa transformation plusieurs fois séculaire. Et, pour la suivre méthodiquement au point de vue spécial que nous étudions ici, des menées souterraines et hostiles des partis politiques qui l'entravaient dans sa marche, nous devons remonter à quelques dates anciennes de notre histoire, pour en venir aux faits contemporains.

Les princes d'Orléans semblent, à toutes les époques, avoir fait de leur maison le foyer et l'abri de toutes les coalitions fâcheuses contre la maison royale et la nation elle-même, sacrifiées à leurs propres intérêts ou à leurs passions dans la vie privée, comme dans la vie publique, témoin, en 1396, le frère du roi Charles VI, duc d'Orléans, soupçonné d'inceste avec Isabeau de Bavière (1).

En 1626, sous Louis XIII, « Chalais était condamné à mort et exécuté. A cette triste nouvelle, le duc d'Orléans, qui jouait *à l'abbé*, continue son jeu, comme si, au lieu de la mort, il eût appris la délivrance. » Observation historique que nous empruntons, comme tant d'autres, à un écrivain grave et assurément exempt de toute prévention contre une famille dont il a été si longtemps le conseiller intime et le principal ministre (2).

En 1632, Gaston d'Orléans, frère du roi, rentrait de Lorraine, levant l'étendard de la révolte. Peu importait pour lui, accoutumé à prendre fait et cause pour les partis, qu'il abandonnait sans pudeur au jour du danger ; mais il entraînera dans sa faute un homme digne d'une autre destinée et d'un autre chef, Henri, duc de Montmorency, maréchal ! En 1636, « contre les Impériaux, dit le même historien, » Richelieu n'avait nulle confiance au duc d'Orléans »....

En 1651, « pendant les troubles de la Fronde, le duc » d'Orléans avait traité avec les princes contre le roi,

____

(1) Henri Martin. *Histoire de France*, t. VI, pp. 298, 306, 310.
(2) Guizot. *Histoire de France à mes petits-enfants*, t. IV, pp. 38-39.

» Louis XIV enfant. Enfant, il était une nuit couché, en-
» dormi au Palais-Royal, où la reine-mère, Anne d'Autriche,
» dut laisser des délégués de l'émeute pénétrer !

» Alors, Parlement, Condé, Turenne étaient ligués contre
» Mazarin avec l'Espagne. Turenne, il est vrai, en fut bien-
» tôt repentant, mais non pas *Monsieur*, duc d'Orléans (1). »

... En 1652, « mademoiselle de Montpensier, sa fille, *la
grande Mademoiselle*, comme on l'appelait, détestait Anne
d'Autriche, Mazarin, et eût voulu épouser le roi. Elle récla-
mait Orléans au nom de son père, à titre d'apanage, et Paris
du droit d'un canon braqué par elle à la porte Saint-An-
toine... »

«... Le Parlement s'était réuni pour enregistrer, contre les
princes d'Orléans et de Condé, la déclaration de lèse-majesté
expédiée de Bourges par la cour.

« C'est un grand malheur quand des princes du sang
donnent lieu à de telles déclarations ; mais ce malheur est
commun et ordinaire dans le royaume, et, depuis cinq ou
six siècles, on peut dire qu'ils ont été les fléaux du peuple et
les ennemis de la monarchie. » Arrêt adopté à cent voix
contre quarante.

Gaston d'Orléans, retiré dans son château de Blois, y
meurt, en 1660, délaissé par tous les amis qu'il avait succes-
sivement abandonnés et trahis... (2)

En 1712, à la suite de morts nombreuses et précipitées
dans la famille royale de Louis XIV, l'effroi saisit la France ;
on parlait d'empoisonnement : le duc d'Orléans fut accusé ;
il fallut faire l'autopsie des cadavres.

En 1715, les bruits les plus sinistres circulaient sourde-
ment ; une noire intrigue accusa M. le duc d'Orléans ; on
rappelait son goût pour la chimie et même pour la magie,

(1) Guizot, id., pp. 47, 48, 62, 147, 151.
(2) Guizot. *Id.* tome IV, quatre pages faisant suite aux 147-151, puis
220, 225, 230.

son irréligion flagrante, ses scandaleuses débauches.
Louis XIV mourait ému au fond de l'âme par les insinua-
tions perfides qui troublaient ses derniers jours sur l'avenir
de son petit-fils, confié à ces mains soupçonnées.... Le
jeune prince, à peine âgé de cinq ans, lui fut pourtant remis
en garde à Vincennes (1).

Le cinquième volume de M. Guizot ajoute à ces soup-
çons :

« Des accusations graves s'élevaient à l'occasion de l'Espagne, et plus graves encore à l'occasion d'une maladie du
jeune roi, contre le Régent. Dans cette maladie un moment
l'inquiétude avait été vive, l'émotion générale en France.
« La consternation était grande partout, dit Saint-Simon.
» J'avais les grandes entrées. Ainsi j'entrai dans la chambre
» du roi. Je la trouvai fort vide. Mgr le duc d'Orléans,
» assis au coin de la cheminée, fort esseulé et fort triste.
» Je m'approchai de lui un moment, puis j'allai au lit du
» roi. Dans ce moment, Boulduc, un de ses apothicaires,
» lui présentait quelque chose à prendre. La duchesse de
» La Ferté était sur les épaules de Boulduc; elle me vit et
» tout aussitôt me dit entre haut et bas : « Il est empoi-
» sonné! — Taisez-vous donc, lui dis-je. Cela est horrible!...»
» La maladie ne fut pas longue et la convalescence fut
» prompte, qui rendit la tranquillité et la joie... (2). »

Une intrigue moins sombre était nouée par le cardinal
Dubois pour marier mademoiselle de Montpensier, fille du
duc d'Orléans, régent, avec le prince des Asturies, en même
temps que l'infante d'Espagne, âgée de trois ans, avec le
jeune roi Louis XV, âgée de douze... Quand Madame,
mère de ce même régent, mourut, on mit sur sa tombe :
« *Ci gît l'oisiveté...* »

(1) Guizot. *Hist. à mes petits enfants*, tome IV, pp. 349-560.
(2) Guizot. *Id.* t. V, pp. 50 et 51.

Ces souvenirs orléanistes, empruntés à un esprit aussi éminent que compétent sans aucun doute, pourraient se prolonger bien au-delà de la période historique du millésime marqué à la date de 1715, et comprendre tout ce dix-huitième siècle que M. Guizot (1) signale à ses petits-enfants, aboutissant en 1788 à ces crises révolutionnaires si tristement compliquées par les intrigues du duc d'Orléans contre la cour, par ses fureurs démagogiques, par le vote de Philippe-Égalité pour la mort de Louis XVI... Arrêtons-nous ici, sous la grave parole de l'honorable M. Guizot.

Mais, pour compléter cette série des tendances équivoques des cadets orléanistes vis-à-vis des Bourbons, leurs aînés, prenons les indications d'un écrivain légitimiste (2) :

Il donne d'assez curieux détails de conversations entre le prince, alors duc d'Orléans, bientôt Louis-Philippe, et le prince de Polignac, alors ministre des affaires étrangères sous le roi Charles X, sur la question espagnole relative à la loi salique, loi dont l'abrogation en Espagne pouvait avoir un effet rétroactif remontant jusqu'au duc d'Anjou,

(1) Guizot, *Hist. de France*, t. V, p. 459.

(2) M. A. Nettement, *Hist. de la Restauration*, t. VIII, p. 214.

Voir aussi aux Archives nationales, sous le n° 613, avec cette suscription : *Rapports, opinions et écrits divers publiés depuis* 1789. (Bourbons-Orléans.)

Papiers Choderlos de Laclos, 17 juin 1790. — Correspondance de Paul-Louis Courier.

Voir également la lettre écrite le 6 juillet 1808, par Louis-Philippe, alors duc d'Orléans, à la reine de Naples, sa belle-mère, pour obtenir un commandement dans l'armée espagnole, commandement que les Bourbons d'Espagne hésitaient à lui confier, en raison des précédents révolutionnaires de son père Philippe-Égalité, souvenirs sous l'impression desquels le jeune prince protestait, avec d'autant plus d'énergie, de son respect pour « *la légitimité*, dont il ne pourrait, *sans se souiller* à ses propres yeux, *méconnaître les droits*». (Lettre publiée dans ses détails de famille les plus précis par M. de Lourdoueix, et reproduite *in-extenso* par M. Albert Rogat, dans sa brochure : *Messieurs d'Orléans*, 1876, pages 41, 42, 43, etc.)

petit-fils de Louis XIV, et à sa renonciation au trône de France, et invalidant cette renonciation. De là, conséquemment, ce résultat d'appeler à l'hérédité royale en France, après la mort du duc de Bordeaux, s'il mourait sans enfants, non plus la famille d'Orléans, mais les descendants mâles de Philippe V, ex-duc d'Anjou, héritiers directs de Louis XIV; donc, aujourd'hui, don Carlos, compétiteur malheureux d'Alphonse XII (don Carlos, dit Charles VII).

Préoccupation naturelle du père de famille, disait-il en vrai prince d'Orléans, pour sa dynastie, qui ne s'en occupait pas moins ardemment de la fusion avec le comte de Chambord. *In utroque jure,* maxime favorite de l'école orléaniste.

<h2 style="text-align:center">§ IV.</h2>

<h3 style="text-align:center">RÉSUMÉ</h3>

L'école orléaniste est, en effet, une création contemporaine née du gouvernement orléaniste de 1830. Gouvernement hybride, conséquemment stérile, stérilité que n'a jamais comprise ni acceptée ce gouvernement éphémère et illogique.

C'est pourtant une vérité flagrante.

La famille d'Orléans a rempli l'histoire de ses infractions aux lois sociales. Nous en avons indiqué certains épisodes depuis la révolte du duc de Nemours en 1469, de Gaston d'Orléans, frère du roi, en 1632, jusqu'à l'emprisonnement. à Blaye, de la duchesse de Berry par son oncle, Louis-Philippe d'Orléans, devenu, en 1830, roi de France à la place de Charles X détrôné ; détrôné, chacun s'en souvient, avec le concours et au profit des princes d'Orléans.

Chacun s'en souvient aussi, à quelles conditions : au prix des biens d'Orléans, qui, d'après la loi, devaient advenir à

l'Etat, et que ce père de famille, dans sa sollicitude pater-
- nelle pour ses enfants, parvint à détourner de leur dévolu-
tion au domaine public lors de son avénement à la couronne,
grâce à une donation pieuse en faveur de ses enfants
d'Orléans.

Et ce sont eux encore qui, détrônés à leur tour, repre-
naient, sous la République de 1870, avec leurs biens, avec
l'intrigue fusionniste, leurs trames monarchiques dans l'intérêt orléano-légitimiste du fils de la duchesse de Berry,
comme, après la chute de la fusion, leurs intrigues orléano-
républicaines. Ainsi fut publiée la lettre du comte de Paris
au comte de Chambord (1).

Nous avons relevé ces souvenirs historiques et contemporains non par esprit de dénigrement, mais par nécessité
de *légitime* défense : les orléanistes sont aujourd'hui les
alliés des républiains ; à ce titre, selon nous, les artisans
véritables, les auteurs responsables des maux déchaînés sur
notre pays. Sans leur monstrueuse alliance, qui trompe et
trouble notre société, la République serait isolée, jugée
seule, pour elle-même et sur sa propre valeur. Eh bien,
nous puisons dans cette conviction loyale le droit de dire à
ce parti orléaniste où nous comptons de nombreux amis :
« Vous formez une secte nouvelle avec de faux dieux. Ceux
» que vous adorez et que vous servez sont des divinités

(1) Lettre adressée par M. le comte de Paris au comte de Chambord
le 5 août 1873 :

« Je viens, en mon nom et *au nom de tous les membres de la famille,*
» vous présenter nos respectueux hommages, non-seulement comme
» au chef de notre maison, mais encore comme au seul représentant
» du principe monarchique en France.

« *Je souhaite qu'un jour vienne où la nation française comprenne que*
» *son salut est dans ce principe.* »

(Lettre curieuse à rapprocher de celle écrite par le grand-père du
comte de Paris, en 1808, à la reine de Naples.)

» d'argile. Dans leur chute elles ont été brisées sans avoir
» jamais reçu d'autres hommages que le vôtre.

« Voilà leur image dans le passé.

» Leur devise a toujours été celle de l'intrigue. Vous les
» avez servis quand ils étaient à la tête d'un gouvernement
» de passage, sans base, sans principe, sans raison d'être.

» Aujourd'hui, que ce gouvernement de rencontre est
» tombé impuissant et innommé, vous cherchez à en re-
» cueillir et à en réunir quelques débris parlementaires, et
» vous vous efforcez, vous orléanistes, cachant cette déno-
» mination sous un pseudonyme, de ressusciter votre idole
» sous l'apparence constitutionnelle. »

De tous les partis qui divisent aujourd'hui la France, le
parti orléaniste est le mieux organisé en société, à vrai dire
anonyme, car pas un d'eux ne s'avoue orléaniste. Ils se
prétendent parlementaires, constitutionnels, voire même
républicains ; mais nul ne se dit franchement orléaniste.

Pourquoi ? parce qu'ils perdraient. *ipso facto*, le bénéfice
de leurs alliances mixtes et masquées, les unes avec cer-
taine fraction légitimiste, les autres avec diverses coalitions
républicaines, qu'avec cette anonymie ils trompent et gouvernent.

Car ils sont hommes de gouvernement, quand ils ont le
gouvernement. Ils forment une sorte de militarisme civil :
Ils sont enrégimentés sous une puissante discipline, sous
une forte unité qui se concilie avec la variété et la multi-
plicité des emplois : pseudo-monarchiques, pseudo-républicains, pseudo - autoritaires , pseudo - parlementaires ,
hommes d'ordre, disent-ils, et de complaisances bourgeoi-
ses, par convoitise d'une fausse popularité.

Habiles, du reste, avides d'argent, d'honneurs, de places,
ils les envahissent avec ardeur, pratiquant, pour les occuper,
toutes les ruses de la stratégie la plus infatigable, depuis la

haute lutte la plus effrontée jusqu'aux mouvements tournants ou souterrains.

Tout leur est bon pour le succès. Ils ont une qualité politique : le dédain de la pruderie.

Et puis ils sont unis aux autres partis par un lien étroit : la haine commune de l'Empire ; l'Empire, coupable à leurs yeux d'avoir disloqué leur petite mécanique parlementaire, méconnu leur petite importance parlementaire, leurs intrigues, leurs coalitions d'ambitions vaniteuses, de mesquines coteries, avec lesquelles, ressuscitées aujourd'hui par eux, en plein Parlement et en dehors du Parlement, ils ont la prétention d'administrer la République. Car c'est une justice à leur rendre : pseudo-libéraux, ils n'y regardent pas de si près. République ou Monarchie, Monarchie légitime ou transactionnelle, cela leur est indifférent, pourvu qu'ils la gouvernent (1).

Eh bien ! nous qui voyons et déplorons ces manœuvres, nous les saisissons et les condamnons dans l'histoire, comme dans l'état d'anarchie où nous sommes aujourd'hui.

Tel est le but de cette modeste publication, dans laquelle

(1) Un jeune publiciste, aussi recommandable par son propre mérite que par le nom qu'il porte, M. Albert Duruy, s'exprimait ainsi sur les ambages politiques des orléanistes : « Ils forment à la Chambre et dans le Sénat ce groupe des constitutionnels qui se confond, en plus d'un point, avec le centre gauche. Ils sont en majorité dans le cabinet, et dans les préfectures ; ils se poussent peu à peu dans la magistrature et dans l'armée et peuplent l'antichambre et les salons du Maréchal. Conservateurs avec les conservateurs, républicains avec les républicains, ils sont également prêts à tous les personnages, à toutes les éventualités. Ils ne savent ni quand, ni comment ces éventualités se produiront ; mais ils ne négligent rien pour se mettre en état d'en profiter. Bref, grâce au déguisement constitutionnel dont ils se sont affublés, grâce surtout à la complicité de tous les pseudo-républicains qui figurent sur les bancs de la gauche, ils occupent toutes les avenues du pouvoir, sinon le pouvoir lui-même. » (Journal *la Nation* du 18 janvier 1877 ; voir aussi *Nation*, 15 février 1877.)

nous espérons avoir établi cette triple vérité, démontrée par l'histoire :

1° La lutte de la noblesse féodale contre l'unité nationale;

2° Après la chute de la féodalité, même unie à l'étranger, lutte des princes de la famille royale, princes d'Orléans, même unis aux révolutionnaires, contre le chef de la maison régnante ;

3° Nécessité pour la nation d'un gouvernement assez fort pour se défendre contre cette triple coalition dont le patriotisme républicain est coutumier; témoin son rôle en 1870 : au moment de la guerre, promenades, chants populaires, clameurs tumultueuses dans les rues de Paris : « à Berlin ! à Berlin !... » Tandis qu'à la Chambre, l'opposition coalisée disputait, marchandait à l'Empire les subsides de guerre. Et puis, après la funeste campagne, la même opposition, criant la honte de Sedan, renversait révolutionnairement, au 4 septembre, l'Empire (plusieurs fois *plébiscitaire*, le 8 mai 1870, à 7,350,142 suffrages). Plus tard elle le remplaçait, sur un vote *parlementaire*, à UNE voix de majorité, par la République, avec le concours des Orléanistes, sans lesquels elle n'eut pas été assurément adoptée. (Séance de l'Assemblée nationale du 30 janvier 1875).

S'imagine-t-on, par souvenir rétrospectif, l'explosion de fureur et d'invalidation dont ces plébiscites, sous l'Empire, eussent été suivis et poursuivis, s'ils avaient été accomplis, comme la création de la République, à UNE voix de majorité? Nous, au contraire, nous respectons légalement cette République provisoire jusqu'en 1880.

Telle est, dans le passé, l'inflexible histoire.

Telles sont les conditions dans lesquelles l'Orléanisme et la République se sont unis aujourd'hui en un mariage illégitime.

Paris. — Imprimerie Balitout, Questroy et Cᵒ, 7, rue Baillif.

PLÉBISCITES

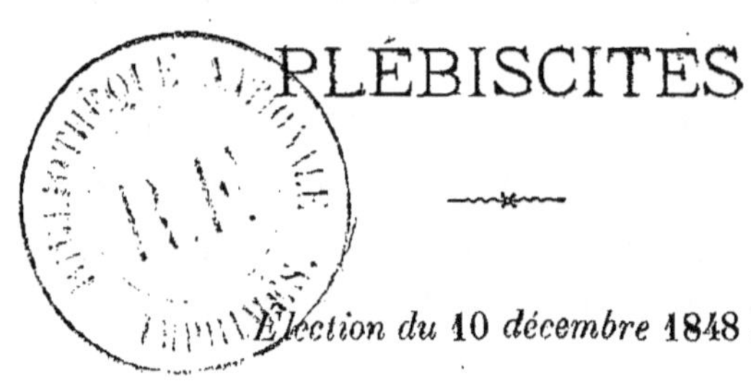

Élection du 10 décembre 1848 :

Suffrages exprimés.............. 7,327,348

Louis-Napoléon................ 5,434,226

Général Cavaignac............. 1,448,107

Ledru-Rollin................... 370,119

Raspail....................... 36,920

Lamartine.................... 17,910

Général Changarnier........... 4,790

Plébiscite des 20 et 21 décembre 1851 (ratifiant le coup d'Etat du 2 décembre) :

Votants...................... 8,116,773

Oui........................ 7,439,216

Non....................... 640,737

Votes annulés comme irréguliers. 36,820

Plébiscite des 21 et 22 novembre 1852, proclamant le rétablissement de l'Empire :

Oui........................ 7,824,189

Non 63,326

Plébiscite du 8 mai 1870, ratifiant les modifications apportées à la Constitution :

Oui......................... 7,350,142

Non........................ 1,538,825

Bulletins nuls................. 112,975

PUBLICATIONS DE M. ÉVARISTE BAVOUX

BROCHURES

Une Sœur de Charité (Impératrice Eugénie). — Lachaud, éditeur.

Arenenberg; vacances du IVe Napoléon. — Lachaud, éditeur.

Il a Dix-Neuf Ans..... en 1875. — Lachaud, éditeur.

Chislehurst; Tuileries; Souvenirs intimes. — Dentu, éditeur.

La Prusse et le Rhin. — Dentu, éditeur.

Candidatures officielles. — Dentu, éditeur.

Du Gouvernement personnel. — Dentu, éditeur.

Du Principe d'autorité et du Parlementarisme. — Dentu, éditeur.

Appel à la Nation. — Dentu, éditeur.

Confiscation des Biens d'Orléans; réponse à M. de Mon-talivet. — Dentu, éditeur.

Colonne de la place Vendôme et Jeanne d'Arc. — Amyot, éditeur.

Causes de la guerre; Crise actuelle. — Sauton, éditeur.

Du Communisme en Allemagne et du Radicalisme en Suisse. — Cosme, éditeur.

OUVRAGES

Philosophie politique, 2 vol. in-8. — Brockaus-Avenarius, éditeur.

Voyage politique et descriptif en Algérie, 2 vol. in-8. — Brockaus-Avenarius, éditeur.

Études de Législation, 1 vol. in-8. — Videcocq, éditeur.

Costa Cabral (comte de Thomar), 1 vol. in-8. — Amyot, éditeur.

Voltaire à Ferney (lectures à l'Institut), 1 vol. in-8. — Didier, éditeur.

Mémoires d'Augeard, 1 vol. in-8. — Henri Plon, éditeur.

La France sous Napoléon III (Empire et Régime parlementaire), 2 vol. in-8. — Henri Plon, éditeur.

Aperçu sommaire de Droit romain (lu à l'Institut), 1 vol. in-12. — Videcocq, éditeur.

Manuel du Notariat, 1 vol. in-32. — Videcocq, éditeur.

Paris, imp. Balitout, Questroy et Ce, 7, rue Baillif.

www.ingramcontent.com/pod-product-compliance
Lightning Source LLC
Chambersburg PA
CBHW051157050726
47594CB00007B/2932